1

Denna bok tillägnas alla er som unnar er att ta tag i ert intresse kring healing och dess underbara följder.

Var stolt över dig själv för att du tar detta första steg.

Thobbe Rexréuz

Healing vad är det

Öppna dörren för nya upplevelser

Illustration: Gratis bilder från nätet
Korrekturläsning: Författaren själv
Omarbetad nyutgåva

Förlag: BoD – Books on Demand, Stockholm, Sverige
Tryck: BoD – Books on Demand, Norderstedt,
Tyskland

ISBN: 978-91-7969-196-7

Innehållsförteckning

INLEDNING

Det du håller i din hand och är på väg att läsa, är en unik personlig bok, en så kallad "upplevelsebok". När jag började med healing saknade jag denna form av läsning. Hittade hur många böcker som helst om tekniker, fakta osv, men ingen om hur folk upplevde behandlingarna, hur healingen påverkade dem, i fall det förändrade deras personlighet med mera.

Vi har alla upplevelser av olika behandlingar för våra krämpor. Vi vet hur det påverkat oss, vad det gjort för oss, men detta med healing är ett område som det fortfarande ligger lite mystik omkring. Fastän healing har funnits i tusentals år i en eller annan form, till exempel akupunktur, är det märkligt att det inte är mer utbrett. Inom vissa kyrkor, framför allt frikyrkor, har det funnits handpåläggning, som också är en form av healing liksom förböner.

Dessa naturliga ofarliga behandlingsmetoder hjälper kroppen att läka sig själv genom att balansera energierna som strömmar genom vår kropp. Ändå betraktas det som något som inte kan fungera. Bland annat därför att det, ur skolmedicinens sätt att se på läkande, inte går att förklara hur.

Vi är många därute som kan vittna om effekterna av alternativa behandlingar. Denna bok är en dokumentation över hur några medmänniskor upptäckt och kan vittna om det fantastiska som händer, när man låter sig ta del av de helande energierna från universum.

NÅGRA ORDFÖRKLARINGAR

Du kommer att stöta på lite olika uttryck/ termer i boken. Till exempel chakra, aura, vägledare, guider, min syn på andlighet och healing; Reiki, Rosenmetoden för att nämna ett par exempel. En kort allmän beskrivning, som inte på något sätt är fullständig, av vad de står för följer här. Om du söker på nätet hittar du hur många olika metoder som helst. Finns ina rätt eller fel enligt mig, det handlar bara om olika sätt att utöva.

Första chakrat: Rotchakrat
- **Placering**: Vid basen ryggraden, färgen är röd
- Det här är fundamentet och grunden vi står på. Här finns våra rötter och vår stabilitet. Här finns tryggheten och tillhörigheten. Höfter, ben, fötter, den nedre delen av ryggen, skelett, tänder, naglar, muskler, anus och ändtarm är områden som chakrat omfattar. Några symptom när det är obalans i chakrat, Ont i ryggen, ändtarmssjukdomar, depression och dåligt immunförsvar.

Andra chakrat: Navelchakrat
- **Placering**: Strax under naveln, färgen är orange
- Här finns längtan efter relationer till andra, vänskap, drömmar, öppenhet och njutning. Urinblåsa, njurar, äggstockar, livmoder,

10

bäcken, testiklar och prostata är områden som chakrat omfattar. Några symptom när det är obalans i chakrat, Urinvägssjukdomar, gynekologiska besvär, klimakterie-besvär, PMS, sterilitet och potens-problem.

Tredje chakrat: Solar plexus-chakrat
- **Placering:** Mellan naveln och solar plexus (mitt i bröstkorgen), färgen är gul.
- Här finns vår viljekraft och vår självkänsla. Platsen där vi lagrar livsenergi. Det är här vi fattar våra beslut. Magsäck, lever, tarmar, blindtarm, bukspottkörtel, binjurar, gallblåsa, ryggens mitt och hela magen är områden som chakrat omfattar. Några symptom när det är obalans i chakrat, Ledinflam-mation, magsår, tarmsjukdomar, diabetes, matsmältningsbesvär, ätstörning (både anorexi och bulimi), leversjukdomar, gulsot och njurbesvär.

Fjärde chakrat: Hjärtchakrat
- **Placering**: I hjärthöjd, på platsen mellan fjärde och femte bröstkotan,

färgen är ljusgrön eller rosa. Generositet, andlig kärlek, själv- kärlek, kärleken till vår nästa, empati. Hjärta, lungor, händer, axlar och revben är områden som chakrat omfattar. Några symptom när det är obalans i chakrat, Hjärt- problem, astma, allergier, högt blodtryck, smärta i övre ryggen och bröstcancer.

Femte chakra: Halschakrat
- **Placering**: I halsen, färgen är Blå. Härifrån styrs vår kontakt med omvärlden. Hur vi pratar med människorna vi möter, vår kom- munikation helt enkelt. Hals och nacke, käkar, luftstrupe, mun och tänder, lungor och luftvägar, mat- strupe och röst. är områden som chakrat omfattar. Några symptom när det är obalans i chakrat, hals- fluss, hosta, sköldkörtelproblem, förkylning, munsår.

Sjätte chakrat: Tredje ögat
- **Placering**: I pannan mitt emellan ögonbrynen, färgen är Indigo. Här finns våra mediala (övernaturliga) förmågor, vår känslighet och

fantasi. Vår visdom och vår intuition är områden som chakrat omfattar. Tallskottskörtel (som ofta har beskrivits som den körtel som gett upphov till begreppet det tredje ögat), hormoner, ansikte och hela huvudet, näsa, ögon och vårt nervsystem. Några symptom när det är obalans i chakrat, Huvudvärk, neurologiska problem, blindhet, stroke och hjärnblödning, utmattningssyndrom och depression.

Sjunde chakrat: Kronchakrat

- **Placering**: Ovanpå huvudet, Färgen är violett. Här finns vårt högre jag. Här hämtar vi energi från solen. Vår källa och här skapar vi kontakt med den Gudomliga kraften och får veta vilka vi är på djupet. Detta är chakrats arbetsområde. Hypofys, nervsystem, hud och skelett. Några symptom när det är obalans i chakrat, Depression, skelettcancer, själsliga svårigheter

Åttonde chakrat: Det andliga chakrat

- **Placering:** 20–30 cm ovanför kronchakrat. Färgen är vit. Detta chakra öppnar vi vid kontakt med andevärlden för att kunna ge medial vägledning eller healing. Även kallad länken.

AURA

Begreppet aura sägs vara ett energifält som omger allt levande, även runt födoämnen och vatten finns den. Auror har olika färger som sägs kunna berätta saker om personen eller föremålet som utstrålar den.

HEALING

Healing är en alternativmedicinsk verksamhet, där man genom enbart andliga metoder hjälper kroppen till självläkning. Healing utförs ofta genom att healern håller händerna på eller nära den som ska behandlas, men den utförs också på distans.

Healing har inte vetenskapligt bevisats verksamt, men anhängarna till och utövarna av healing hänvisar ofta till olika fall och händelser, där personer påstås blivit helade från olika sorters sjukdomar. Läkare förklarar ofta sådana fall med placebo-effekter eller spontan självläkning. Oavsett detta, tycker jag att upplever man en förbättring så är väl det bra.

Hypoteser som framförts av anhängare till healing är att healingen medför ökad blodgenomströmning, vilket skulle öka kroppens egen läkningsförmåga. Healing skall enligt dessa anhängare också kunna lindra smärta och lösa upp blockeringar av energi genom att öka cirkulationen.

ROSENMETODEN

Rosenmetoden är en psykologiskt orienterad kroppsbehandling inom alternativmedicinen som skapats av den tysk/amerikanska sjukgymnasten Marion Rosen (1914 --2012).

Rosenterapeuter använder metoden för att lösa upp de fysiska spänningarna och de förträngda känslorna, med självinsikt och ökat välmående som följd.

Behandlingen är avsedd att rikta sig till kroppen och rosenterapeuten ska ge respons till patienten på vad som händer i kroppen och andningen under behandlingen. Det finns ingen vetenskaplig dokumentation som styrker att metoden fungerar.

ANDLIGHET

Andlighet är en beteckning för det icke-materiella, själslivet, koncept som utgår från antagandet att människan har en inneboende ande. Ande och materia är traditionella motsatsord.

Andlighet kan både handla om tro och om sökande. Andlighet behöver inte inbegripa tron på något övernaturligt eller transcendent. Det behöver inte vara knutet till religioner. Det handlar mer om empati, respekt och acceptans.

Medvetenhet om och fokusering på att alla varelser är själar i tillfälliga fysiska kroppar betecknas vanligtvis som andlighet, och en *andlig person* skulle då vara en intuitiv människa som står i kontakt med sin ursprungskälla: sitt andliga jag.

Meditation, drömresor, inre resor, healing, regression, olika former av seanser och sittningar och saker som utmanar människan att tänka större, och som lockar hen att leta inåt i sig själv, brukar betecknas som andlighet.

Andlighet kan även vara ett tillstånd där någon är i kontakt med något, till exempel

sina känslor, i stunden och/eller i välbe-
finnande. Andlighet är en form av
tänkande och kännande som man kan
uppnå om man vill.

VÄGLEDARE, GUIDER, HJÄLPARE OSV

Det finns olika skolor om vad som är vad. De
flesta är dock överens om att vi har någon
som följer oss hela livet. De kallas även olika
inom olika skolor, guider, hjälpare, väg-
ledare, änglar osv.

Jag anser att vi har en huvudguide, som vi
själva valt innan vi gick ner i detta liv. Denne
följer oss och ger oss vägledning när helst vi
ber om det. Därtill har vi guider/hjälpare
som kommer och går genom livet, när vi
behöver dem.

De benämningar som känns bäst för en själv
och som känns bra, är de vi ska ta till oss.
Finns liksom inget rätt eller fel angående
detta enligt min mening. Själv lärde jag mig
att kalla min huvudguide antingen genom
namn som jag fick till mig eller att kalla
honom för rektorn. Det sista gör det lättare
för mig att begripa hierarkin i andevärlden.

KORTA FAKTA OM REIKI

Jag tillägnar Reiki ett eget avsnitt eftersom det var där jag själv började min resa. Glöm inte bort att det finns en uppsjö av olika healingmetoder där ute. Ingen metod är bättre eller sämre än andra. William Lee Rand, (författare och bidragande till moderniseringen av Reiki) har definierat Reiki som:

"En japansk stressreduceringsmetod för ditt välbefinnande".

Reiki har en historia som började med en muntlig tradition - från lärare till elev, flera tusen år tillbaka. Den som återupptäckte metoden var *Dr Mikao Usui*, en japansk munk som levde 1865 - 1926. Han levde och verkade som lärare i ett buddistkloster, men undervisade även på ett kristet universitet i Kyoto, Japan.

Frågor som han ställde sig var bland annat, hur Jesus och andra kunde hela och bota människor. En morgon frågade några av hans elever honom om hans syn på berättelserna i bibeln och om Jesus underverk var sanna rent bokstavligen.

Usui sa att han trodde att Jesus kunde utföra underverk och att han helade människor. Eleverna ville då att Usui skulle visa hur det gick till att bota sjuka, något som Usui erkände att han inte visste eller kunde visa. Han antog en utmaning om att hitta bevisen och slutade sin anställning på universitetet för att forska i detta ämne.

Han reste till USA för att studera teologi vid universitetet i Chicago. Under studietiden reste han till olika kloster i hela världen för att studera deras heliga skrifter. Detta pågick i många år men han hittade inte den formel som Jesus använde för helande mirakel.

Han återvände så småningom till Japan, där han träffade en zenbuddistisk abbot vilken var intresserad av hans sökande. Usui blev erbjuden att bo och studera i abbotens kloster utanför Kyoto. Här började han studera de buddistiska skrifterna, de som kallas "Sutra" på japanska. Förutom kinesiska lärde sig Usui sanskrit, för att kunna få tillgång till flera skrifter. Först då hittade han en sorts formel som beskrev hur Buddha utförde sitt helande. Usui hade nu äntligen hittat det han sökte.

Dock förstod han inte hur han skulle använda formeln eftersom han inte hade tillgång till den helande kraften ännu. Usui ville genomföra en 21 dagars faste kur och

det gjorde han på det heliga berget
Koriyama, 27 km utanför Kyoto.

För att hålla reda på tiden tog han 21
stenar till sin hjälp och lade dem framför sig.
Varje dag kastade han i väg en sten. Sista
dagen kom det en kraft över honom i form
av ett mycket starkt ljus som täckte himlen.
Han blev träffad av detta ljusfenomen mitt
mellan ögonen och det slog honom till
marken. Efter uppvaknandet såg han upp
på himlen och den var som en vit upplyst
skärm.

Med himlen som bakgrund kunde han se
skrifter och symboler, skrivna i gyllene
bokstäver. De fullkomligt vibrerade framför
honom, han fick en känsla av att de talade
till honom och sa: "Kom ihåg, kom ihåg!"

Detta gav Usui den healingförmåga och
healingkunskap han sökt efter. Han mådde
alldeles utmärkt efter att ha fastat i 21
dagar, uppfylld av ljus och energi. På väg
nerför berget snubblade han och skadade
sin tå. Utan att tänka lade han sin hand på
tån. Det slutade att blöda och smärtan
försvann.

Senare samma dag besökte han ett kafé och han fick inga som helst matsmältningsbesvär efter att ha ätit sin frukost trots fastan i tre veckor. På kaféet botade han en flicka som hade tandvärk, detta ansågs vara ett mirakel.

Vid återvändandet till klostret fann han abboten sängliggande med reumatism. Usui berättade för abboten om sina upplevelser och lade sina händer på honom för att ta bort värken. Därefter bestämde de sig för att, eftersom detta var en gåva från Gud, att detta skulle läras ut till andra människor så att de kunde botas.

Till västvärlden kom Reiki via Hawaii där den utvecklades och anpassades till väst. Med åren har man frångått traditionen från Hawaii, att inget fick nedtecknas. I dag finns det böcker i ämnet som visar hur man går till väga. Dock behövs det en "Reiki Master" som kan initiera den som vill utöva metoden. Det vill säga någon som öppnar upp dina kanaler så de är mottagliga för den helande energin.

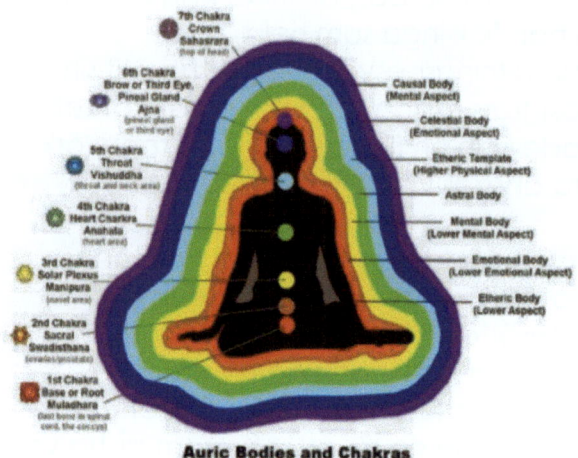

Auric Bodies and Chakras

BERÄTTELSER FRÅN NÅGRA SOM VILL DELA SINA UPPLEVELSER

Anette

En strålande, sprudlande kvinna sätter sig mittemot mig för att dela sin historia om mötet med healing. En självsäkerhet och beslutsamhet lyser över henne! Det skulle visa sig att det inte alltid varit på det sättet. Nu har hon dock kommit så långt i sin egen utveckling att hon vågar ta plats och stå för sina åsikter.

Anette berättar att det hela började med att hon hade svårt att sova sen en tid tillbaka. Just då höll en kompis på att utbilda sig till Reikihealer och behövde någon att träna på. Det blev tre behandlingar inom en vecka och även om sömnen inte förbättrades dramatiskt, kände Anette att det var skönt med behandlingarna och att de gav henne något.

I det läget kunde hon inte sätta fingret på vad detta något var, men hon var övertygad om att det skulle hon ta reda på.

Hon hade planerat en resa till Thailand, det skulle bli den största upplevelsen i både hennes och barnens liv. Av någon anledning kände hon ett starkt motstånd utan att kunna se vad det bestod i och sömnen försämrades ytterligare. Anette kände att hon kanske borde avboka resan, men efter ett par behandlingar till, kändes det ok att resa trots allt.

Hon fick uppleva tsunamin på nära håll och kände att hon och barnen hade änglavakt flera gånger under resan. Hon kände sig liten och hjälplös i sammanhanget. Insikten om att allt har en mening blev stärkt flera gånger om.

När Anette kom hem, började hon söka på nätet efter något att bygga vidare på, även om hon inte riktigt visste vad det var. En inre drivkraft drev henne framåt och hon hittade till slut något som kändes bra att gå vidare med.

Reiki, var det hon fastnade för, hon gick både steg 1 och 2 av 3, på kort tid. Allt kändes rätt och hon växte med kunskapen. När hon gav behandlingar kändes hennes händer som en varm platta. Hennes försöksklienter till en början, blev barnen och katten.

Att något hände var uppenbart, barnen började be henne om Reiki, de förstod inte vad det var, men det var skönt och de kände sig så härligt avslappnade och behagliga efteråt. Katten kom även den frivilligt och gick sin väg när den fått nog.

Anette blev mer och mer övertygad om att hon var på rätt väg. Hon visste ju sedan tidigare att detta med att hjälpa andra var det hon verkligen brann för och skulle ägna sig åt i livet. Healingen skulle bli ett av flera hjälpmedel.

Det blev fler kurser inom andra former av healing. Hon ville testa sig fram för att så småningom kunna hitta sitt arbetssätt. Hon insåg att allt kommer från samma källa och det är bara tillvägagångssättet som skiljer.

Resonanshealing var en form som hon testade, den breddade hennes kunskap om healing. Reiki var dock det som låg henne varmast om hjärtat, men det fanns godbitar att använda sig av även inom andra former.

Efter ett tag "snubblade" hon över Erik Pearl och hans Reconnective healing överallt och såg det som ett tecken också. Hon gick alla tre nivåer i hans utbildningstrappa och hon både fick och gav flera behandlingar.

Den första behandlingen hon själv fick, var det häftigaste hon upplevt hittills. Det kändes som det var flera healers som gav henne behandling. Hon kunde knappt resa sig upp från britsen, det kändes som hon var full och sluddrade. Det var en nästan obeskrivlig känsla och mycket hände i kroppen under tiden hon fick behandlingen och det fortsatte även efteråt.

Under kursen gav hon healing till en storväxt kille och hela hans kropp hoppade på behandlingsbänken. Hans ögon fladdrade och Anette tyckte det var lite obehagligt. Under ett ögonblick undrade hon om det var dags att avbryta, men valde att fortsätta eftersom det var en stark upplevelse i sig.

Nu gillar hon Reconnective mest för att det känns starkt i hennes egen kropp, det blir påtagligt på något sätt. Hon känner att hon själv ger något till klienten och det värmer hennes hjärta.

Anette blandar gärna de olika metoderna och vid varje behandling känner hon efter vad som är bäst för klienten. Är det någon som inte fått healing innan, börjar hon med Reiki. Detta eftersom den känns mjukare, oftast ges det med direkt kontakt på kroppen. Reconnective ges på fysiskt avstånd från klientens kropp och kraften förstärks avsevärt.

Det kan upplevas som obehagligt om man inte provat tidigare. En del blir illamående och yra. Många känslor poppar upp. Anette tycker dock att den är rolig att ge, speciellt till skeptiker, för de flesta blir påverkade på ett sätt de inte kan förklara.

Det Anette gillar med Reconnective är att det är enkelt att utföra och det krävs inga procedurer eller symboler för att fungera. Procedurer kanske skrämmer den som inte har provat tidigare. Det gäller att vara ödmjuk och inkännande inför klienten.

Hon får utbilda andra inom Reconnective. För tillfället känner hon dock inget behov av att utbilda andra. Många funderingar om att testa fler metoder finns, men svårigheten är att välja eftersom utbudet är stort och hon inte vet vad hon söker eller vill kunna.

Sömnen har inte förbättrats nämnvärt, men det förklarar hon med att det är så lätt att glömma bort sig själv i det hela. Att ge sig själv behandlingar tillhör undantagen!

Hennes berättelse växer fram utan att jag behöver fråga något men jag sticker in en fråga om hon tvekat någon gång på vad hon håller på med. Självklart kommer det snabba svaret: Vill så mycket och jag har bråttom med att förstå vad som är meningen med mitt liv. Vad har jag för uppgift här på jorden, det vill jag veta.

Ibland kan jag känna att livet vore betydligt enklare om jag inte höll på med detta. Mitt

ego tjatar om att jag ska sluta med dum-
heterna. Men drivkraften för att hjälpa
andra är starkare. Jag tänker inte lägga av
bara för att egot tjatar i alla fall.

Numera är jag inte ett dugg rädd för vare
sig healingen eller oförklarliga händelser, då
min andlighet har förstärkts. Kan känna av
energier från andra mycket starkare. Dess-
utom får jag uppleva så många spännande
möten med människor som har samma
intresse som jag, vilket gör att jag får
utveckla mig själv som person.

Till sist frågar jag Anette om det är något
mer som förändrat henne som person efter
mötet med healing. Massor, säger hon
direkt utan att tveka.

Känner mig mer lugn, mindre oro och
tjattret i huvudet har avtagit. Känner mig
tryggare som person. Har alltid tryckt undan
mig själv, för jag trott att mina åsikter inte
kan vara intressanta för andra. I dag har jag
självkänsla och vet mitt värde samt att jag
vågar ta plats och kliva fram.

När jag sitter med Anette, känner jag
väldigt tydligt att hon är uppfylld av sin
starka drivkraft och med sin stora kärlek till

sina medmänniskor. Att allt är möjligt visar hon tydligt i sitt sätt att vara.

Den styrka som Anette utstrålar är avundsvärd. Det går inte att bli annat än fängslad av hennes väsen. Jag dras liksom med och tryggheten hon utstrålar omsluter mig. Definitivt är hon en person som jag mår bra av att vara nära. Förtroendet för henne som person och hennes förmågor är starka. Har full förståelse för att klienterna gärna söker sig till henne och återkommer fler gånger.

Lina

En mörk kall decemberdag träffar jag en kvinna i 40-årsåldern, för att höra hennes berättelse om sin kontakt med healing. Detta är en kvinna som utstrålar säkerhet. Ögonen avslöjar att det finns en gammal själ där bakom, som varit med om mycket. Hon scannar in mig samtidigt som en stark medmänsklig värme omsluter mig. En behaglig känsla.

Min blick fastnar i hennes ögon ett tag, fascinationen är stor över djupet i blicken. Det sprudlar av liv och visdom samt ett "djävlar anamma" (läs busighet) Förstår under samtalet att Lina är kvinna som vet vad hon vill och kan. Mycket beslutsamhet finns där inne.

Lina berättar att så länge hon kan minnas har det funnits intresse för både andlighet och medialitet. Många är de böcker hon slukat i ämnet genom åren för att lära sig mer.

Sitt första möte med healing var under en religionstimme i skolan, även om hon då inte förstod att det var healing det var frågan om den gången. Hon kände en smärta i ett finger och lade fingret på en bibel och bad att värken skulle försvinna. Efter en liten stund blev hon bönhörd, smärtan avtog mer och mer, tills den var helt borta. Sen den dagen har Lina varit övertygad om att det finns något mer än det vi kan se med våra fysiska ögon.

Hon anser sig inte vara speciellt religiös även om hon givetvis har *sin* tro, men andligheten tror hon på. Andlighet kan vara mycket, det behöver inte enbart handla om Gud och änglar menar hon, men går inte närmare in på det just nu.
Med tiden har Lina utvecklat sin egen metod av andlig healing. I början hade hon inte kunskapen över vad det handlade om,

men det kändes rätt för henne och de som fick "behandling" var nöjda.

En del blev av med sina krämpor helt och hållet medan andra visade stora förbättringar. Hon understryker att hon inte ställer diagnoser, men att hon gärna healar. (Vi som healar får aldrig påstå att vi botar, vi hjälper kroppen till självhjälp. Författarens anmärkning).

Hennes sätt att jobba går till så att hon håller vänster hand i auran på klienten. Den högra handflatan ligger i knäet och den vänds uppåt för att ta in de helande energierna/ljuset från universum.

Till skillnad från många andra healers, pratar Lina med klienten under behandlingen. Hon berättar vad hon får till sig, i form av bilder, färger, smaker osv. För Lina känns det rätt att göra så, att berätta samtidigt som det händer. Klienten får en chans att ställa frågor, prata om sina upplevelser, både under behandlingen och efteråt.

Efter att ha gått en grundkurs i andlig healing, har hon blivit mer och mer övertygad om att hon är på rätt väg. Det blev en sorts bekräftelse för henne.

Anledningen till att hon ville gå kursen var dels att se andras sätt att jobba på och dels för att få tips/erfarenheter från de andra deltagarna. Det blev ett växande för hennes del och målet är att bli certifierad healer, för att på sikt även jobba med detta.

I dagsläget känner hon inget behov av att undervisa andra, utan hon gör detta för att hjälpa sig själv och sina närmaste. Hon ler lite försynt och säger, man ska aldrig säga aldrig, men just nu räcker det så här.

Under 2004 drabbades hennes mamma av enorm värk i ryggen. Mamman var tveksam till detta med healing, men hon gick till slut med på att Lina skulle försöka ta bort det onda. Att det onda försvann, behöver väl knappast påpekas.

Under behandlingen såg Lina en massa vita blodkroppar. Hon förstod inte då vad detta stod för, eller betydde, men det skulle visa sig. Ett år efter detta hamnade mamman på sjukhus för hon hade fått en typ av blod-cancer. Vid ett besök gav Lina henne en behandling, utan att mamman var med-veten om detta. Blodvärdena förbättrades påtagligt efter detta, även om sjukdomen i sig inte botades.

Några år senare när Lina åter igen gav sin mamma en behandling, kände hon en iskyla som spred sig i rummet. Inte heller denna gång förstod Lina vad det stod för. (Kyla är ofta ett tecken på höga energier och att vägledare/änglar bistår med kraft i behandlingen. Författarens anmärkning)

Lina skulle kunna fortsätta berätta episoder hur länge som helst, där hon hjälpt folk i sin omgivning, men väljer att nöja sig med dessa två.

Hon tvivlar inte en sekund på sin förmåga och att det går att fixa det mesta. Vi som utövar healing har verkligen en mission i detta liv, att vi ska sprida healingens underbara ljus och kraft till de som behöver det, inklusive oss själva, avslutar hon vår intervju.

Jag går därifrån med en lättnad i kroppen efter en provbehandling. Det kändes i hela kroppen hur det strömmade i mig. Ibland som en porlande vårbäck, ibland som en älv i islossningen.

Det var ovant för mig att prata under själva behandlingen, en härlig annorlunda upplevelse i sig. Kändes som helheten blev fylligare då jag kunde berätta direkt vad jag kände eller upplevde. En viss yrsel kvarstod ett tag efteråt, men den var behaglig på något sätt.

Barbro

Barbro och jag möts över en bit mat, innan vi gemensamt ska gå på meditation. Hon är en sprudlande glad och inspirerande kvinna, som entusiasmerar sin omgivning.

Hon tar folk på ett ödmjukt sätt och med stor empati. Bekväm och välkomnande, är känslorna jag får i hennes närhet. Det är en ära att få ta del av hennes berättelse och lära känna henne.

För Barbros del började det med att det spökade i huset hon bodde i. Hon blev nyfiken och ville ta reda på mer om andevärlden och vad som finns där ute, som vi inte kan förklara.

En kompis ägnade sig åt healing och Barbro blev nyfiken på detta och ville lära sig mer. Eftersom hon inte visste någonting om ämnet, fanns det heller inga förväntningar eller förutfattade meningar om vad det var. Hon kände sig öppen och mottaglig för det som skulle komma till henne.

Den första helgkursen hon deltog i inom healing hette *Silvervioletta flamman*. Efter första kursdagen blev hon sjuk med symptom som av en kraftig influensa. Hon blev dock inte rädd, utan förstod inom sig att detta var något som måste genom-levas. Hon bara *visste* att kroppen behövde rensas. Hennes nyfikenhet blev ännu starkare, så att stanna hemma andra dagen var helt uteslutet.

Det blev fler kurser i healing för Barbros del. Under tiden kom även det mediala smygande och nyfikenheten växte. Det blev många böcker i dessa ämnen som hon tog sig igenom under tiden. En av alla böcker som fastnade hos henne och som hon känt stor samhörighet med, är *Erik Pearls* bok: *Reconnective Healing*.

Med tiden jobbade hon fram en egen metod, en sorts blandning av flera olika tekniker. Att det passade hennes personlighet och var bekvämt att jobba med, det var viktigt för henne., hon känner att det blir mer äkta då.

När Barbro gav behandlingar, började hon så småningom "babbla" ord som inte var hennes. Det skulle visa sig vara budskap från andra sidan åt dem hon behandlade.

Att hon skulle ägna sig åt detta med healing blev bara tydligare och tydligare för varje behandling hon gjorde.

Barbro fortsätter sin berättelse med att säga, det råder inget som helst tvivel på att healingen även öppnat upp medialiteten och andligheten. Det har gett henne en knuff framåt.

En utveckling hon bara kan se som något positivt genom att hon aktivt tagit tag i sina förmågor. Hon har fått mycket kunskap om sig själv och insikter och förståelse för varför saker blir som de blir. Hon börjar förstå meningen med sitt liv.

När Barbro ger eller skickar healing får hon själv påfyllning av energi och blir piggare. För mig är det roligare att ge än att få, säger hon med stor övertygelse. När klienten bekräftar att behandlingen får dem att känna sig bättre, känns det verkligen stort. Det ger en tillfredsställelse att kunna hjälpa andra till ett behagligare liv. Om jag kan inspirera en enda medmänniska till att prova healing, känns det underbart. Resten är bara bonus, säger hon på sitt varma och kärleksfulla sätt.

Barbro fortsätter vår pratstund med att ge sin syn på varifrån energier kommer. Hon är övertygad om att allt kommer från samma källa och därför kan man inte säga att en healingform är mer rätt än någon annan. Vi har olika sätt att utöva det på och alla sätt är lika rätt och lika intressanta. Det går alltid att plocka någon godbit ur varje metod, för att hitta sin egen väg.

Barbro påpekar att hon är stor förespråkare av att alla healers bör hitta sitt eget sätt att jobba på. Det ska kännas både bekvämt och komma från hjärtat, då blir det ett bra resultat i slutändan.

Att intentionen att hjälpa är A och O, kan inte nog understrykas. Det handlar inte om att sättet att jobba på är viktigast, utan resultatet, det vill säga att klienten känner sig omhändertagen och nöjd.

Leif

Leif är en person som tänker efter och reflekterar innan han pratar. Min stress försvinner direkt i hans närvaro. Han ger en känsla av en trygghet som är påtaglig när han kliver in i rummet. Stort hjärta, mycket visdom och medmänsklig omsorg kännetecknar denne man.

Han börjar sin berättelse med att berätta att han varit nyfiken de senaste 3–4 åren på det andliga området och det tog större och större plats i hans liv. Han besökte många mässor inom new age och andlighet, vilket bidrog till att intresset växte än mer och nyfikenheten tog mer plats. Efter en sommarvecka på Ängsbacka med meditationer och många prova-på-aktiviteter, blev känslan av att detta var rätt väg än starkare.

En form av meditation som de fick prova på, hette Lovemeditation. Det var en stor upplevelse i sig, även om han inte greppade vad det egentligen handlade om. Inombords hände det något han inte kunde sätta tummen på. Det blev tydligare och tydligare att han ville gå vidare och lära sig mer.

Genom åren har han ofta haft sann-
drömmar. Detta ämne ville han lära sig mer
om och skaffa sig djupare kunskap i. Varför
fick han dessa drömmar? Varifrån kom
informationen? Det kunde inte handla om
hans egna fantasier, eftersom det faktiskt
hände på riktigt med tiden. Det oförklarliga
kan vara intressant, tycker han. Att vara
nyfiken och ha en vilja att förstå, är några
av Leifs största drivkrafter som han går i
gång på.

Den första healingbehandlingen han fick
var Reiki och det var kanske inte den största
upplevelsen han varit med om. Utan tvekan
var det något som hände inom honom,
mest i fysisk form. Han kände värme på olika
ställen på kroppen under behandlingen.

Efteråt infann sig ett lugn som var mer
påtagligt än normalt. En känsla av befrielse
på något sätt, utan att kunna säga något
mer konkret om det. Som den efter-
tänksamme person han är, fanns det en
medveten återhållsamhet som gjorde att
det skulle dröja ett tag innan han gick
vidare och tog fler behandlingar.

Vid andra behandlingen "såg" han för sitt
inre, även bilder. Bland annat såg han en

före detta flickväns dotter med ny färgat hår, samt en dam som kom cyklande på sin fina cykel. Han gjorde sin egen tolkning efteråt. Han kom fram till att det handlade om hans egen utveckling med påtagliga förändringar och förhållningssätt till livet.

Vid det tredje tillfället kunde han känna närvaron av sin morfar, som fanns på andra sidan. Under behandlingen kom även mormor in, fast hon fortfarande fanns i livet. Han förstod inte då att det var en föraning om vad som skulle hända. Hon lämnade jordelivet några månader efteråt.

Så småningom ville han lära sig mer om healing, för att själv kunna ge behandlingar. Leif fastnade för en metod som kallas andlig healing. Den går bland annat ut på att balansera de manliga och kvinnliga energierna i kroppen, att skapa en helhet av energiflödet.

Han gick både steg 1 och steg 2 under 2010 och blev certifierad under 2012. Även om han tidigare sagt att det räckte med att kunna heala sig själv och sina närmaste kändes det rätt att ta certifikatet.

Leif säger alltid, man ska aldrig vara för säker på någonting, det sker alltid saker på vägen. Under förutsättning att man är öppen och mottaglig för förändringar och växande, tillägger han.

Största upplevelsen under hans utbildning var avsnittet där de fick lära sig skicka healing på distans. Det var otroligt häftigt, säger han. Han kände att mycket hände i hans egen kropp, att energierna flödade. Att detta fungerar är en gåta tycker jag fortfarande, säger han.

På min fråga om mötet med healing har förändrat honom som människa säger han sig inte vara medveten om några påtagliga förändringar, utan låter andra avgöra detta i så fall. Men visst har det hänt saker.

Ju mer han jobbar med sin utveckling ju säkrare blir han över sin förmåga. Just nu är inställningen att han inte har något behov av att jobba som healer. Det finns mer att utforska där ute.

Mitt förhållningssätt till det hela är naturligt och det som ska hända kommer att hända. Jag har ändrat min inställning förr, fast jag varit övertygad om hur jag ska göra, avslutar Leif vår pratstund

Stora planer finns på att utbilda sig till coach och detta kommer att påbörjas under året. En dröm som funnits länge hos honom.

Titti

Titti är en färgstark och inspirerande kvinna som vet att ta för sig och hon formligen sprudlar av liv. När jag mötte henne första gången, fängslades jag över vilken levnadsglad och stark kvinna som satt där. Vi träffades under bland annat ReikiMaster utbildningen.

Hon var med vid det tillfälle när idén till denna bok föddes. Hennes spontana kommentar var att hon gärna ställer upp och berättar sin story.

Hennes första kontakt med healing var genom en god vän som höll på att utbilda sig till taktil massör och behövde testpersoner att öva på. Någonting oförklarligt hände med Titti under behandlingen. Hon kunde inte sätta fingret på vad det handlade om, men det växte något inom henne.

Nyfikenheten drev henne framåt, hon tog upp ämnet med en annan kompis som utbildade sig inom Reiki och som behövde klienter att öva på.

Titti upptäckte rätt snart att hon fick ett inre lugn. Ett tioårigt alkoholberoende av-trubbades, behovet försvann mer och mer. Nu har Titti varit nykter alkoholist flera år.

Hon berättar vidare att som alkoholist hade hon en inre oro som inte ville släppa. Oron försvann nästan helt efter några behand-lingar. Jag blev mer insiktsfull över vad jag höll på med. Större fokusering, inre lugn och en styrka jag inte upplevt tidigare, var några effekter av behandlingarna. Lederna slutade göra ont, jag blev mer harmonisk, gladare, stressen försvann helt. På köpet har jag fått påtagligare inre balans med mig själv.

När jag själv ger Reiki, känner jag var klienten har ont eller har någon skada. När jag behandlar området blir jag illamående direkt. Då vet jag att det är där jag ska rikta min healing, även om jag vet att ener-gierna hittar själv vart de ska ta vägen. Det är mitt sätt att jobba på, det passar mig. En blandning av taktil healing, Reiki samt KarunaReiki®.

Jag vet att jag gör nytta, säger hon tvärsäkert. Om detta vittnar den feedback jag får från mina klienter. De känner sig lugna och harmoniska länge efter en behandling.

En klient blev av med sin värk i ägg-stockarna, en annan hade problem med nacken och problemen försvann efter en behandling. Ytterligare en klient hade en sträckning i ljumsken och problemen försvann efter ett par behandlingar. Ja, listan över hjälpta klienter kan göras lång, men den största upplevelsen står Titti själv för, säger hon.

Att bli fri från sitt alkoholberoende är att få en andra chans till livet. Det är stort och hon känner sig ödmjuk inför livet. Att få vara en förebild för sina barn i stället för en trashank går inte att beskriva.

Titti har en stark och påtaglig förmåga att heala. Hon omges dessutom av energier som verkar omfamnande och väl-komnande, liksom att hon delar med sig av en stor portion medmänsklig kärlek som man omsluts av i hennes närvaro.

Fredrik

Detta är en man som utstrålar trygghet. Han har definitivt kontakt med Moder Jord vilket avspeglar sig genom hans påtagliga lugn och harmoni som smittar av sig på mig. Hans varma blick ser rakt igenom mig med stor människokärlek, värme och empati.

Jag hinner inte ens påbörja vårt samtal innan Fredrik börjar med att ställa en fråga: "Själv vet jag inte, men kan man bränna ut sin kanal när det gäller healing"? Ibland, när jag inte är helt i balans, känns det som en kork i kronchakrat (se chakran, i början av boken) vilket gjort att jag inte kunnat ge healing. Det har varit totalstopp. I samma stund som han säger detta känns det som att någon lägger händerna på hans huvud, som en bekräftelse på att kanalen fortfarande finns där.

Han fick sin första kontakt med healing redan som ung. Minns egentligen inte exakt när, men det var genom den frikyrkliga handpåläggningen, som kanske är den vanligaste typen av healing. Alla kyrkor har någon sorts förbön och handpåläggning, som ger healing.

Eftersom Fredrik var en nyfiken ung man, letade han sig igenom de flesta religions- böcker och paranormala böcker som fanns på biblioteket i hans hemstad. Utifrån dessa kunde han få lite förståelse för det som han egentligen vetat sen barnsben.

Att han både såg och visste mer än vad andra gjorde, det var inget han ville tala om. Man ansågs ju som udda då. Det är ett släktdrag detta med medialiteten, som han ärvt från två håll i släkten.

Han fortsätter sin berättelse utan att jag behöver ställa frågor. Han minns att de första gångerna han fick behandling var värmen, men även kylan, från händerna väldigt påtagliga, det var nästan som om det brände.

Upplevelserna han såg för sin inre syn och känslorna som fladdrade förbi, fastnade i hans sinne. Vart kom det ifrån? Var han ensam om dem eller var det något som alla fick till sig? Frågorna var många och fort- sättningen gav sig själv. Han kände starkt att han ville ta reda på mera.

Som för så många andra, var hans första riktiga kontakt via new age och Reiki. En gammal klasskamrat till hans syster höll på med detta och via honom kom Fredrik i kontakt med en Reiki Grandmaster, som i hans tycke verkade ok.

Tillsammans med en bekant bestämde han sig att gå steg ett, av tre. De fick åka till grannstaden för att gå kursen. Väl där träffade de flera intressanta personer, vars historia skulle fylla en egen bok, liksom allt som utspelades under helgen, säger han.

Gruppbehandling är intressant och det blir så starkt när flera är med och ger. En underbar form av resa, här kan man prata om att många bäckar små blir en stor flod. Det är starka energier i rummet vid sådana tillfällen. En av handledarna på kursen fick göra en trumresa i sitt inre medan Fredrik själv vandrade i ett torn.

Symboliken med byggnader är intressant säger han och fortsätter, många menar att det är en bild av ens medvetande, där källaren är det undermedvetna medan taket och vinden är det högre jaget.

Den lilla blyga tillbakadragna finskan, var underbar som lärare. När han frågade om han kunde ta steg två samma dag, glittrade hennes ögon till. Hon bara nickade till svar. De pratade vidare och konstaterade att det inte fanns någon Reiki-Master, där uppe i norr.

Hon själv reste från Kemi, i Österbotten, för att hjälpa till med utbildningen. Hon spände ögonen i honom och sa att vilken dag som helst så kan vi ordna det med hjälp av dig. Nu blev det aldrig så och Fredrik stannade vid steg ett och två. Behovet fanns inte för hans del att bli Master.

Genom åren har han tillsammans med vänner ofta gett och fått behandlingar. Det gemensamma är att alla haft Reiki i grunden, men olika lärare, vilket gjort att de har bytt tekniker och erfarenheter med varandra. Oftast har vissa saker varit gemensamma, till exempel legenden om hur det startade, varma/kalla energier, var vissa centra sitter i kroppen, hur man får bort vissa blockeringar med mera.

Ofta känner han ett "drag" mellan handen och kroppen, detta ger en indikation på om det behövs mer eller inte. De syner och den avslappning som Reiki ger är ett väl valt sätt att landa i nuet, anser Fredrik.

Han har även testat på en hel del andra sorters healing. Bland annat Rosenmetoden, som är en taktil beröringshealing. Den är underbart skön men inget för den som är kittlig, säger han med ett leende. Många blandar olika tekniker när de behandlar. Ofta är det massage blandad med någon variant av olika healingmetoder.

Han minns en behandling där det var sju/åtta olika varianter inblandade, bland annat Reiki, hawaiiansk massage, kristaller, oljeterapi och doftterapi. Det var en underbar påfyllnad i hela kroppen och det lyfte honom efter en väldigt traumatisk helg. Mot slutet av sessionen var krafterna så starka i rummet att healern var tvungen att gå ut och lämna över allt till de andliga vägledarna. Hon sa efteråt att en panter och ett lejon hade motat ut henne ur rummet. Själv minns han det som att han låg i en gondol som sakta flöt fram över ett skimrande hav samtidigt som tårar trillade ner för hans kinder.

Han har även i vuxen ålder träffat på kyrklig healing. Genom en bekant hittade han till en liten fristående katolsk församling (inte styrd från Vatikanen) i Stockholm. Deras synsätt är att kärlek och förlåtelse är det som ska leda och hela människan.

Hos dem har Fredrik fått vara med i St. Rafaelmässor, även omtalade som läkegudstjänster. Det är en kortare typ av mässa där prästen ger handpåläggning och smörjer in olja på de som vill ta emot. (Läs mer på www.lkk.se).

Han minns sin första gång väldigt väl. "Det var som att få ett spann med vatten hälld över mig när prästen lade sina händer på mitt huvud. Jag kände att jag nästan höll på att ramla baklänges. Det är en kort intensiv healing som gav snabb och effektiv lindring. Har även fått den hemma då jag legat sjuk och prästen gjort hembesök".

En verkligt gammal kunskap som lyfts fram igen, är den från *Inkatraditionen*. En god vän är aktiv i deras förening och har hållit kurser med mera. Deras synsätt talar om att det finns tunga (negativa) och lätta (positiva) energier. Dessa fastnar i de kanaler som går i kroppen och gör att man blir sjuk. Med hjälp av en viss typ av meditation och övningar kan man bli av med det hela.

Deras teknik med att låta de tunga energierna rinna av kroppen ner till Moder jord är en härlig känsla.

Det finns många bra böcker om det på svenska och om hur man ska göra för att själv hjälpa sig att bli av med sina tunga energier.

Jag minns min första gång jag gjorde meditationen, där man ber Fader himmel och Moder jord om hjälp att rensa ut de tunga energierna, kände jag mig tio kilo lättare efteråt. Denna metod är en enkel väg till egenhealing menar han. Det är så lätt att glömma bort sig själv i sammanhanget.

En av de gånger vi gjorde en av övningarna, öppnade ledaren kanalerna som går runt kroppen och Fredrik började se livets träd framför sig, stort och magnifikt. Det var riktigt magiskt att se, säger han och fortsätter, under trädet stod en ung man som blev påklädd i en traditionell fågeldräkt, som man ofta ser på karnevaler i Anderna. När han hade blivit klädd började han dansa. Viljan att dansa med, var stark och jag kände hur det ryckte i armar och ben. När jag berättade vad jag sett fick jag höra om en legend om en sjuk prins som blev räddad av en ande i fågelform. De dansade dansen för att hedra anden.

Fredrik konstaterar att efter att han fått en healingbehandling, är han desorienterad och det tar en stund innan han kommer till sans igen. Det är en resa man gör i sitt inre eller till tidigare liv/världar som gör att det är en omställning att återvända till nuet och verkligheten och man njuter av känslan som kroppen fått av de olika energierna.

Den totala avslappning behandlingen ger är så underbar. Han rekommenderar att man kör behandlingar fyra dagar i rad för att bli laddad till max, men han påpekar samtidigt att olika traditioner har olika tekniker. Det kan aldrig bli för mycket för kroppen eftersom healingenergierna bara gör gott.

Kristaller har varit ett användbart element för att ge olika typer av healing. Oftast använder Fredrik dem för att förstärka vid en behandling, men även när han mediterar, sitter han med en kristall i handen och sakta slappnar av. Han tar in energierna vilka sprids och förstärks av den sten han har i handen.

Fredrik avslutar vår pratstund med att berätta om en nyligen upplevd episod. Häromsistens när jag skulle ha en stor fest hemma, var jag stressad till max. Jag bad dig (Thobbe) att skicka lite andlig healing för att jag skulle slappna av och inte bara irra runt.

Glömsk som jag var så tappade jag ju bort tiden och att det skulle komma ett visst klockslag. Hade inte satt mig ner för att slappna av, vilket ledde till att jag, med kaksmetsbunken i handen, satte mig pladask på köksgolvet när vågen av välbefinnande och lugn knockade mig. Det var bara att vara i den känslan ett tag. Efteråt var jag lugn och kunde fixa klart inför festen. Man ska tänka på vad man gör när man tar emot healing på distans, det är starka krafter som sköljer över en.

Heidi
Jag mötte Heidi på en meditationskväll vi bägge besökte. Hon gjorde ett starkt intryck med sin utstrålning. Det var som om det stod en solfjäder av energi omkring henne. Hon var dessutom helt klädd i vitt, vilket

förstärkte. Där fanns det liv och lekfullhet blandad med massor av nyfikenhet. Heidi låter ingenting var oprövat om det väcker hennes intresse.

Hon börjar med att berätta om intresset för det övernaturliga och det andliga som hon haft sedan barnsben. Det var dock inget man pratade högt om på den tiden.

När hon var 15–16 år, gick hon för första gången till en spådam, i Stockholm. Spännande och lite förbjudet, tyckte hon att det var. Det har blivit fler besök hos mediala personer, både inom Sverige och utomlands bland annat i USA, Brasilien och England.

Vid ett besök hos en auraläsare fick hon veta att det var inom andligheten hon skulle hon jobba, vad det lider. Hon blev tillsagd att vänta tills det var dags, det var inte någon bra idé att rusa i väg och börja på en gång. Hon skulle märka själv när det var dags att sätta i gång.

Heidi var på den tiden väldigt intresserad av astrologi och kunde oftast pricka in vilket tecken en person var född i. Varifrån informationen kom, varken visste hon eller brydde sig om där och då. Intresset har hon haft kvar hela livet, även om det höll sig lite i bakgrunden då hon blev mamma. När dottern växte upp började Heidi läsa böcker som handlade om andlighet, bland annat efter tips i tidningen Livsenergi.

En dag läste jag om Eric Pearl, healern från USA som hade en ny variant av healing, The Reconnective, fortsätter hon.

Hade aldrig funderat på healing för egen del, men här var det något som klack till i mig. Det blev bara ett måste, att jag skulle lyssna på honom. Kände starkt att jag väldigt gärna ville gå en utbildning. Längtan och nyfikenheten var så stark att jag till och med kunde tänka mig att resa till en annan ort, för att gå en kurs.

Det skulle inte vara något problem att offra mina viktiga semesterresor, för att gå kurs hos honom. När jag såg att han skulle komma till Stockholm, anmälde jag mig direkt och utan tvekan, säger hon.
På kursen var vi väl 600–700 intresserade som möttes i en gigantisk sal. Det blev många nya intryck. Bland det häftigaste var när jag kände "pirret" i händerna när jag gav healing.

Jag förstod inte så mycket av själva processen när Eric talade om Reconnective och Reconnection, men att det var något jag borde ägna mig åt var tydligt för mig. Det kom ett återbud som gjorde det möjligt för mig att få Reconnection (på svenska kallad återkopplingen) under lunchen, samma dag. Snabba puckar gällde, så jag ringde min sambo för att få mer pengar.

Inte en enda sekund har jag ångrat detta. Det hjälpte mig bland annat att väldigt snabbt bli uppkopplad till universums källa. Mitt intryck är att det var omvälvande, samtidigt som jag ifrågasatte om det kunde det vara så enkelt. Mina träningsklienter blev familj och vänner. Min sambo blev snabbt helt fri från sitt onda i ena axeln.

För att bli fullt utbildad behövde jag gå det tredje och sista steget. Min egen osäkerhet över mina förmågor gjorde att jag i stället valde att gå om de två första, berättar Heidi. Arrangören såg lite frågande ut när han träffade mig igen året därpå.

Jag har nu diplom, både i Reconnective healing och i andlig healing. Den tredje kursen hos Eric Pearl väntar jag med, det kanske blir av den dagen jag verkligen börjar jobba seriöst med healing. Det ligger och växer till sig inom mig, men en dag blir det verklighet.

Heidi berättar om en resa hon gjorde till Brasilien, där hon fick träffa den berömde healern John of God. (www.johnofgod-healing.com).

Det fanns flera anledningar till att hon åkte dit, men framför allt var det för att få det bekräftat att hon var healer. Bekräftelse fick hon, även denna gång.

De personer som fått healing av mig känner oftast värme och att jag står någon annanstans än där jag är. Klienter har också känt att det blivit tryck över någon del av deras kropp eller att de blir väldigt avslappnade.

Efter jag haft beröring direkt på kroppen brukar de känna det som om de lyfter när jag tar bort händerna. Jag brukar avsluta med att ta deras fötter och dra ut de negativa energierna. Detta för att jorda dem och ge plats åt ny frisk energi.

Heidi pratar både länge och gärna om detta med healing, det ligger henne varmt om hjärtat. Detta blir tydligt efter ett möte med henne. Jag känner mig påfylld av energi, trots att hon inte gett mig en formell healingbehandling. Ett sådant möte är en stark upplevelse som värmer ända in i hjärtat.

Tack vare hennes kärleksfulla och engagerande väsen, känner jag stark tillit till hennes förmågor. Har fått behandling av Heidi några år senare och det var en stark upplevelse. Kunde till och med känna att hennes katt var med på ett hörn, fast han var i ett annat rum.

Tania

Tania är en kraftfull, livsbejakande kvinna, som med glöd berättar om sina upplevelser och det känns att hon verkligen brinner för detta ämne. Hon kan prata hur mycket som helst om det. Under samtalet känner jag mig kraftfull och påfylld av energi då hennes engagemang överförs till mig.

Sitt första möte med healing skedde för ett bra tag sen när hon var på besök hos en healer. Hon var mer nyfiken på det som skulle hända än att vara i direkt behov av behandling, berättar hon. Detta möte gav henne inte något, hon blev nog snarare besviken. Besviken för att jag inte kände någonting under behandlingens gång, att healern i fråga inte berättade efteråt om det som hon upplevde. Det enda hon sa var bara att nu kommer saker att hända i mitt liv, säger Tania.

Varför blev den första healingsessionen till en besvikelse, undrar jag.

Det finns nog inte ett färdigt svar på det. Jag tror att den bidragande orsaken var att jag själv inte var öppen och mottaglig. Min kropp var inte van att känna in och ta emot energier samt att jag inte var medveten om vad det innebar. Höll på att säga att healingformen inte var rätt för mig men avbröt mig själv, för det tror jag faktiskt inte på! Snarare var det så att mina och healerns energier inte var i harmonisk balans. Det uppstod ingen synergieffekt, säger hon.

Det kunde till och med vara så att healingen fungerade alldeles utmärkt och har gjort en massa nytta i min kropp, men jag var så pass stängd och okänslig för energierna att jag inte märkte något, säger Tania.

Jag som till och med bestämde mig för att jag aldrig skulle ge detta en chans till. I mina ögon var ju detta en till synes tramsig bluff och utnyttjande av hederliga medmänniskor. Tack och lov tog nyfikenheten överhand och jag blev villig att ge healingen en andra chans. Det blev både en tredje och en fjärde...

För varje gång blev jag mer och mer övertygad om att det finns en läkande kraft i universum, som kan hämtas in och användas för allas bästa. Ju längre tiden gick hände det mycket. Jag har gått flertal kurser inom healing men även inom medial utveckling.

Det resulterade i att mina healing- och mediala förmågor utvecklades påtagligt. Nu är jag starkt medveten om att jag kan heala och är medial. Jag känner av energier på ett helt annat och naturligare sätt än tidigare.

De starkaste healingformer som jag personligen upplevt, och som har gjort att jag börjat känna tillit till den universella läkande kraften, är "*Plejadien Lightwork Healing*" och "*Theta-Healing*".

Med de healingmetoderna kan man bland annat arbeta med trauman i nuvarande eller tidigare liv. Man kan ta upp karmiska band och mönster och arbeta bort mentala föreställningar eller övertygelser som är kopplade till känslor.

Det häftiga med denna typ av healing är att den arbetar på olika nivåer. Jag fick kroppsliga, själsliga och mentala förnimmelser och efteråt kände jag mig som ett barn, som är väldigt trött och utmattat men ändå lyckligt. Genom dessa healingformer har jag fått svar på flera frågor som plågat mig sen jag var barn. Har känt fysiskt att vissa destruktiva mönster och präglingar, som satt på cellnivå i min kropp, som var en del av min personlighet blev som bortblåsta, avslutar Tania.

Fler röster om erfarenheter av healing

Eva:

Har inte upplevt så mycket när jag själv fått healing. Däremot fick jag möjlighet att ge healing till en kollega som hade panikångest. Hon ville inte störa den upptagna chefen, men jag såg på henne att hon inte mådde bra.

Vi gick in i ett rum där jag ställde mig bakom henne. Hon slöt ögonen och jag bad henne tänka sig ett ljussken som kom från en dusch uppifrån universum.

Denna reningsdusch skulle skölja bort alla negativa energier. Jag bad henne tänka sig att hon andas in ett vitt ljus och vid varje utandning skulle de negativa energierna följa med ut ur kroppen.

Jag höll mina händer på hennes axlar hela tiden, pratade lugnt till henne om andetagens lugna rytm. Efter cirka 10 minuter kändes hon lugn igen. Tror att det var en lika stor upplevelse för mig som för henne.

Förutom det jag lärt mig på Reiki-utbildningen, steg 1 och 2 använder jag mig av min intuition när jag ger behandlingar. Den leder mig rätt varje gång.

Per:
Under behandlingen upplever jag ingenting mer än att det är skönt att ligga totalt avslappnad. Det är inte ofta jag ger mig själv möjlighet att stressa ner på det sättet i vardagen, men det händer ibland. Någonting säger mig att det hjälper mig.

Efter någon dag brukar jag bli medveten om förändringar, då förstår jag att det beror på healingen, så något gott har det medfört.

Anna:
Jag sökte mig till detta med healing av ren nyfikenhet. Det verkade intressant som alternativ behandling. Min första kontakt blev med Reiki.

Under första behandlingen, såg jag många bilder jag kunde förstå vad de stod för, men även sådana som jag just då inte förstod. Det gick upp för mig senare.

Kände mig helt avslappnad och avstressad. Blev lite trött och yr efteråt men det var skönt. Har fortsatt att ta behandlingar lite sporadiskt efteråt med samma behagliga avslappning och rensning som följd.

Katja:
Jag har hela mitt liv varit fascinerad av tanken på att kropp och själ hänger ihop, att människan är en helhet. Att försöka se grunden till en åkomma i första hand i stället för att inrikta sig på symptomen. Visst ska man lindra symptomen, ingen ska behöva gå med värk. Vad jag menar är att vi borde ta oss tid och reflektera över varför jag har fått denna åkomma. Vad står det för? Varför har jag fått detta?

Mitt intresse växte för att hitta ett sätt att hjälpa mig till att kunna leva såsom mina funderingar sa mig. Det blev Reiki som var min språngbräda in i denna värld. Blev till sist ReikiMaster och detta är verkligen rätt väg för mig.

Under våra provbehandlingar på första steget av utbildningen, kände jag pirrningar i kroppen och ett påtagligt energiflöde. Det kändes som det fanns fler händer på min kropp än bara från den som behandlade mig.

När jag ger mig själv behandling, varje morgon, känner jag att det blir en bra start på dagen och det ger mig en bra hälsa. Detta i kombination med meditation och andningsövningar.

Gösta:
Min inställning var att detta är humbug, har aldrig känt något eller märkt att något händer mig efter behandlingen. Min fru utbildade sig till Reikihealer och tränade på mig. Det enda jag upplevde var att jag somnade när jag låg där och inte fick röra mig.

Men det kom en vändning, när jag började få problem med magen. Det var så illa att jag inte kunde sova ordentligt. Min fru bjöd hem två kurskamrater och alla tre satte i gång att ge mig en behandling.

Något hände, som jag inte kan förklara. Jag blev varm och kall om vartannat, det ryckte och slet i magen samtidigt som en trygghet kom över mig. Behöver väl knappast säga att magbesvären försvann och har inte kommit tillbaka.

Vet inte om det var healingen eller om det skulle ha läkt ändå. Vet bara att jag inte

tvekar en sekund att ta en behandling igen
om det dyker upp något som helst besvär.

MINA EGNA UPPLEVELSER

Min egen resa började med att min gode
vän och livscoach Fredrik en dag föreslog
att jag borde söka mig till Reiki. Hade inte
den blekaste aning om vad detta var,
kanske hade jag sett ordet någon gång
men inte lagt det på minnet, än mindre
tagit reda på innebörden.

Lite undrande frågade jag vad detta var,
men fick inget uttömmande svar. Det var
något som skulle göra mig gott, var det
luddiga besked jag fick. Han menade att
framför allt kroppen skulle uppskatta detta
eftersom den kommer i bättre balans.

Detta lät så där lagom flummigt och jag
tänkte att det finns ingenting att förlora.
Säger han att det är bra för mig, ja då är
det på det viset, han skulle inte lura in mig i
något som inte var för mitt bästa.

Samma kväll började jag surfa på internet
om Reiki. Kände direkt att det handlade om
mer än att jag enbart tog behandlingar.
Jag skulle utan tvekan utbilda mig inom
området. Det fanns en hel del utövare att

välja på i Stockholmstrakten. Till slut hittade jag en i närheten av bostaden. När jag klickade på knappen för att anmäla mig till en kurs, fungerade det inte alls. Min inställning är att allt sker av en anledning, att det inte var meningen att jag skulle just dit, förstod jag direkt.

Sökte vidare och hamnade i Gustavsberg. Det kändes bra eftersom jag länge tänkt att jag skulle ta mig dit. Vem har inte hört talas om porslinsfabriken och den vackra hamnen bland annat? Efteråt har jag förstått att det inte var mitt val, utan det var universum som valde att jag skulle dit.

Nåväl, denna novemberkväll kändes som en lyckad kväll till slut. Jag bestämde mig för en utbildning i början av februari och jag fylldes av välbehag i hela kroppen. Nöjd och förväntansfull såg jag fram emot kursen. Det fanns en del av mig som ville att tiden skulle rusa i väg så att jag kunde komma i gång snabbt. En annan del av mig ville lägga detta åt sidan för att jag skulle njuta av advent och julen med allt vad det innebar, julnörd som jag är.

Första helgen i februari dök upp så små-ningom och jag gick hemifrån i mycket god tid, som alltid. Följde anvisningarna på inbjudan för att hitta rätt till lokalen. En kvinna irrade omkring huset där kursen skulle hållas, hon verkade också söka efter något.

Vi gjorde sällskap in i en port, men där fanns inget som tydde på att det var någon verksamhet av något slag, bara "vanliga" efternamn på skyltarna. Till slut kom vi båda på att vi sett en dörr på husgaveln, vi gick dit.

Vi blev välkomnade av en glad, varm och kärleksfull Maria Nylow (www.marianylow.se). Jag kände direkt vid entrén att det var en atmosfär som ingav trygghet. Det var 5 kvinnor och jag som utgjorde gruppens sammansättning.

Inte utan att jag kände mig lite bortkommen till en början, men det släppte snart. Det är vanligt med denna fördelning könsmässigt, sade Maria. Alltid fler kvinnor än män.

Blyg och väldigt avvaktande som jag var på den tiden, sa jag inte mer än nöd-vändigt när jag svarade på frågor. Några av de andra pratade desto mer. Min hjärna gick på högvarv, jag satte in varje person i ett fack. Efter ett tag kände jag att jag hade koll på vilken typ de var, vilka egenskaper de besatt med mera.

Vadå, självinsikt?

Jag?

Inte alls...

Redan vid den lilla presentationen, var jag övertygad om att jag bara skulle gå detta första steg och inte fortsätta. Det fick räcka med att jag lärde mig att ge behandlingar till andra, förutom mig själv.

Innan vi fick vår initiering, (en procedur för att öppna upp kanalerna och ställa in flödet från universum) skulle vi försöka tona in på varandra genom att hålla händerna på varandras axlar. Blundande och inkännande, vara uppmärksamma på allt som hände, såsom eventuella bilder, färger, röster, smaker osv.

Vi gjorde om "behandlingen" efter initieringen, för att känna efter om det var någon skillnad. Du kan tro att det var det. Det var en märkbar och nästan påtaglig skillnad.

Givetvis var det dags för den lille kritikern (läs egot) i mig att ifrågasätta vad som hände, hur det hände, om det hände, kunde det hända, osv i all oändlighet. Det slutade med att jag bestämde mig för att egot hade rätt. Det var bara inbillning, jag kunde inte vara kunnig inom detta område redan, trots att personen jag gav Reiki till, sa att det kändes både varmt och pirrigt i hela kroppen...

Då fattade jag ju inte riktigt att det låg till så att jag haft förmågan långt innan kursen. Det skulle dock dröja minst ett år innan jag accepterade att jag inte behöver förstå hur eller att det fungerade, så länge jag hade tilliten till processen. Kontrollbehovet var starkt hos mig på den tiden.

Marias utbildning var upplagd så, att efter varje steg (totalt 3) finns en återträff några månader senare. Innan återträffen, hade jag givetvis anmält mig för att gå steg 2. Samma procedur inför steg 3 (Master-utbildningen). Med andra ord jag gick hela vägen, vilket gör att i dag är jag ReikiMaster.

Det tog drygt ett år mellan steg 1 och steg 2 för min del. Detta är varken snabbt eller långsamt. Vi lär ju oss olika snabbt och vi tar det i vår egen takt. Det finns inget rätt eller fel, så länge ens egen känsla är bra.

Det är viktigt att inte jämföra sig med andra, för det handlar om ens egen utveckling. Känner du att en snabbare väg passar dig ska du lyssna på detta.

Mellan utbildningsstegen blev jag mer och mer medveten om förändringar hos mig själv. Det kunde vara allt från små aha-upplevelser till stora förändringar i mitt beteende, mina insikter och mitt för-hållningssätt. Det blev viktigare för mig att se glaset halvfullt i stället för halvtomt. Jag som tidigare såg hinder i stället för att se möjligheter. Nu blev allt mycket enklare på något sätt, när jag ändrade fokus.

Jag upptäckte efter ett tag att jag blev lugnare, fick mer ork att aktivera mig efter jobbet. Fick ett klarare synsätt och såg lösningar oftare än hinder, när något körde ihop sig. Mina drömmar blev "renare" och tydligare. Fick svar på mina frågor och undringar via drömmarna, men även i vaket tillstånd.

Min intuition som jag litat på länge, blev än starkare och jag bara VET, när det blir rätt för mig. Blev mer och mer insiktsfull om utvecklingen av min personlighet. Från att hela tiden krypa ihop, försöka göra mig osynlig och be om ursäkt för min existens till att ta plats och sätta gränser.

Ställde inte upp om det kändes obekvämt eller fel. Det var ett nytt förhållningssätt som väckte min nyfikenhet. Själva gräns-sättningen blev drivfjädern att gå framåt i min utveckling. Att vilja lära mig mer.

Även kroppshållningen förändrades, slutade att vara hopsjunken. I stället började jag sträcka på mig och stolt visa att här är jag. Jag som tidigare struntade i egna behov, så länge jag kunde göra min omgivning till lags för att få deras bekräftelse. Upplevelsen av förändringarna stärkte både min självkänsla och min självinsikt enormt. Det märktes såväl på jobbet som i privatlivet.

Kanske gick jag ibland lite väl långt men förhoppningsvis är jag förlåten för det beteendet nu. Behövde nog överdriva lite för att hitta en medelväg som var bra för min utveckling. Det gick aldrig så långt att jag sårade någon eller behandlade dem illa medvetet. Ett sådant beteende är något jag inte kan stå för.

Helt plötsligt var det mitt eget välmående som gällde och var nummer ett på prioritetslistan. Var dock livrädd för att bli dryg och obekväm. Tack och lov, sa mina vänner ifrån, om jag började närma mig gränsen för det otillåtna.

Ju mer medveten jag blev om vad jag kunde, desto mer började jag spela överdrivet självsäker. Började hävda mig och framställa mig som perfekt. Jag hade svar och lösningar på allt. Ville frälsa världen med min kunskap och mina förmågor. Var inte ett dugg observant på mitt eget beteende, en del vänner drog sig undan och jag förstod ingenting.

Det var en evig kamp mellan mig och lilla "Jante" (Egot) som sitter på vänstra axeln och skriker sig hes över min dumhet. "Hur kan jag helt plötsligt börja inbilla mig att jag kan något, att jag har något att bidra med som skulle kunna hjälpa eller glädja andra. Lilla värdelösa jag ska inte tro att jag är någon", malde han på oavbrutet.

Det var tufft att kämpa emot honom, men jag är ju en envis oxe. Med tiden lugnade han ner sig och tystnade mer och mer. Givetvis sticker han fortfarande ut hakan och försöker få mig på andra, ofta negativa, tankar.

Ibland lyckas han få sin vilja igenom en stund, men jag kommer på mig själv och ändrar mig rätt snabbt till förmån för det positiva. I dag kan jag se att vi behöver egot, för att bli mer källkritiska och ifrågasättande till alla val vi ställs inför.

Som jag nämnde tidigare har jag alltid litat på min egen intuition rätt mycket. Blev jag orolig inför något, lyssnade jag oftast på min magkänsla och avstod från att göra det som väntade om känslan var orolig. När jag gick emot känslan, blev det oftast ett mindre lyckat resultat.

I dag kan jag känna tydlig skillnad på olika energier i mig. Det kan vara kul att leka med dessa energier, att vara i ilskan en stund för att sen släppa den, eller vara i otrolig glädje och sen släppa. Att känna in med både huvudet och kroppen, var känns det, hur det känns osv.

Självklart händer det att jag fortfarande tvivlar på om jag verkligen kan, eller om jag har förmågan att heala.

Det roliga är att ju mer jag håller på, desto lättare är det att acceptera att det inte handlar om mig som person. Det handlar om att Thobbe (egot) kliver åt sidan och kroppen enbart är ett verktyg för energierna från universum, för klientens bästa.

Just detta har varit den tuffaste lärdom att ta in, att inte känna prestationskrav att JAG måste göra något. Egentligen gör *jag* inget, det är universum som gör jobbet.

På något sätt blev jag medveten om att det handlar om mycket mer än att "bara" vara ett redskap för healingenergin. Något som jag inte kunde sätta fingret på den gången, men det saknades något.

Jag fick en möjlighet att delta i en intuitionskurs och jag hoppade på tåget. Ville lära mig så mycket som möjligt utöver alternativa sätt att må bättre. Det mediala är ett intresse som alltid funnits och som nu kändes rätt i tiden.

Som alla, som är i början av ett växande, behövde egot bekräftelse på att förmågorna fanns. Lärde mig med tiden att vara mer ödmjuk inför den jag var på väg att bli. Följden blev att jag framhävde bara sådant jag kunde stå för och jag var medveten om att jag var kapabel att utföra.

Att kunna säga, *jag kan detta* och verkligen mena det, att orden kom direkt från hjärtat var både otäckt och ovant. Det kändes inte alls, *jag*, men det var samtidigt en intressant känsla som jag ville utforska mer.

Denna nya situation var ändå det som gjorde att jag kunde fortsätta framåt. Var enormt trött på att krypa undan, fly från mig själv för att glädja andra. Vem kunde glädja och behaga mig, bättre än jag själv, jag som lever tillsammans med mig själv hela tiden.

Gammalt beteendemönster dyker upp ibland fortfarande. Men eftersom jag nu känner igen och ser skillnaden på mitt eget beteende och hur det skulle kunna vara, är det lätt för mig att stanna upp och ta in känslan, innan jag beslutar mig för en lösning. Det har blivit många sådana stunder, för att jag skulle lära mig och utvecklas till det bättre.

Försöker tänka enligt principen: retar jag mig på andras beteenden, frågar jag mig själv om det ligger hos mig och om jag beter mig likadant. Om det är så att den sidan finns hos mig själv, behöver jag jobba med detta, innan jag har rätt att värdera eller kritisera andra. Väldigt intressant insikt, lärorikt och utvecklande att ha detta förhållningssätt.

Som du säkert förstått vid det här laget, har kontakten med healing lett till ett helt nytt liv och mycket självkännedom. Det har varit nödvändigt, omtumlande och intressant.

Så här några år senare, kan jag konstatera att jag var naiv nog att tro att allt var så enkelt. Bara jag gick en kurs, fanns kunskapen inom mig och det var allt. Att det behövs träning och medvetet jobb hela tiden för att behålla och utveckla min kunskap fanns liksom inte i mitt tankesätt.

Medvetenheten växte med tiden. Om jag ska kunna ta kliv uppåt i utvecklings-trappan, måste jag fokusera på nuet och acceptera att allt tar tid. Inga genvägar existerar, lära genom handling, är vägen framåt. Det blev en tuff tid framöver, att inse min egen begränsning, att jag inte hade full kontroll över situationen längre.

Tvärtom gällde det för mig att *våga* släppa kontrollen, låta allt som skulle ske, få chansen att ske. Acceptans och tillit var ord som ofta dök upp i olika sammanhang för mig. Det snackades om detta överallt tyckte jag. Till slut förstod jag att det var riktat mot mig och jag skulle ta till mig dessa ord.

Det märkliga och intressanta med hela denna process var, att allt kändes rätt! Det fanns ingen tvekan alls om att jag var på rätt väg. Blev även mer och mer medveten om att intuitionen *alltid* visade rätt. I dag är magkänslan och jag de bästa vänner och samarbetar väldigt bra.

I början när jag gav behandlingar, kunde jag ofta se färger, känna olika känslor och även ibland få bilder. Ibland kände jag till och med fysiska förändringar i kroppen. Jag trodde att detta berodde på att jag spände mig, men lärde mig efterhand att det inte handlade om mig utan det var områden som klienten skulle bli mer observant på, eller att det var där jag skulle lägga fokus under behandlingen.

Oftast fick jag svar via mina guider, men inte alltid. I det läget rådde jag klienten att själv känna in vad det kunde tänkas stå för, för henne eller honom. Känner man efter, hittar man svaret inom sig. Jag är övertygad om att fysiska krämpor kan bottna i olika händelser, trauman osv. Därför behöver man lyssna inåt för att få svar.

Det var häftigt att upptäcka skillnaden mellan min egen fantasi och information från guiderna. Att inse att inget handlar om mig, tog sin tid att acceptera. Jag är ju bara en kanal för informationen och energiflödet.

En insikt till som jag fick, var att det inte är någon idé att lägga energi på att ta bort de dåliga sidorna hos mig själv och behålla de bra, för det fungerar inte så. Bägge delar behövs för balansens skull. Det handlar mer om att acceptera och respektera motsatserna. Men också om att tillåta sig, eller som jag brukar säga, att unna sig att må bra, att unna sig ha kul i livet oavsett vad man gör.

Nåväl, jag började förstå att healing och medialitet kan hänga ihop, för min egen del. När jag var ute på nätet, hamnade jag titt som tätt på hemsidor hos olika medium, eller andra typer av sidor som har med medialitet eller andlighet att göra. Någonting sa mig att jag skulle gå vidare med detta.

Under sommaren 2009 anmälde jag mig till en kurs som skulle gå av stapeln i oktober här i Stockholm. En kurs i *Andligt mediumskap* med ett medium från Göteborg.

I augusti sa min gode vän Fredrik att detta nog inte var rätt kurs för mig. Konflikträdd som jag fortfarande var vid det tillfället, blev jag tvingad att hitta på någon anledning till att jag valde att hoppa av, inför kursledaren. Drog till med något om att det var mycket på jobbet. Det dåliga samvetet gnagde, men jag tryckte undan det så gott det bara gick. Hoppas att ledaren kan förlåta mina vita lögner.

Satt och surfade en dag och kom in på Vattumannens hemsida. Fick syn på en föreläsning/workshop i ämnet tidigarelivregression och det ville jag verkligen prova på. Anmälde mig direkt. Kände att det var förändringar på gång i mitt liv. Jag visste inte då vart den informationen kom ifrån, men det kändes påtagligt äkta och absolut rätt i tiden för mig.

När jag kom dit på kvällen, kom den värdelöse Thobbe fram igen och jag lät det ske. Jag kröp ihop och gjorde mig osynlig. De andra deltagarna ställde frågor och delade med sig av sina upplevelser de haft. Vad sjutton gjorde jag här, tänkte jag. Såg eller kände ingenting alls, totalt värdelös! Eftersom jag ville ha valuta för pengarna, satt jag snällt kvar och var mottaglig för det som komma skulle. Jag var ju trots allt där för min egen skull, inte för någon annans. Var kom den insikten från?

Annalena, som ledde kvällens övningar, berättade om sitt jobb som hypnoterapeut med mera. Hon sa också att hon höll på att utbilda sig till medium hos Leo Eid. Då ringde en klocka hos mig, det namnet kände jag igen. Han hade gått sin utbildning hos mediet i Göteborg, skulle det visa sig Givetvis var det hos honom jag skulle utbilda mig. När jag kom hem, satte jag i gång datorn och sökte reda på Leo och hans hemsida.

Det kändes direkt att nu skulle det äntligen bli av att ta reda på om mitt intresse för det mediala gick att vidareutveckla. Kände att det var bättre att prova och få veta om det fungerade, än att bara fundera.

Fanns bara ett problem, det var att kursen inte skulle bli av förrän i februari, vilket var oceaner av tid innan det var dags. Det var långa dagar i december och januari den gången. Hade bara ett för ögonen och det var första helgen i februari. Det kändes som om varje dygn innehöll minst 36 timmar under dessa månader.

Jättespänd och förväntansfull hittade jag till kurslokalen där vi skulle vara. Det droppade in folk i massor, kändes det som. Vi blev 17.

Eftersom jag inte hade någon som helst kontroll över situationen kändes det lite underligt, Gjorde som vanligt, höll en låg profil och var väldigt iakttagande inför de övriga. Det kändes bra att det fanns fler som var där för första gången, jag behövde inte känna mig ensam denna gång heller!

Leo hälsade oss välkomna med sin speciella stil. En tanke for igenom huvudet, vad kan han om detta? "Pojkspolingen" verkade totalt disträ och förvirrad. Men de tankegångarna försvann rätt snabbt och jag bara visste att här har vi en "stor" man, med mycket visdom.

Det gick upp för mig att hans sätt att leda kursen, bidrog till att avdramatisera vad detta med att vara medial innebär. Det är varken konstigt eller komplicerat utan både enkelt och naturligt. Det är vi själva som komplicerar.

Att vara medial är inte till för några få utvalda speciella människor, det gjorde han klart för oss. Alla är vi födda med medialiteten enligt hans sätt att se på det hela. Det handlar mera om att få tillgång till verktygen och lära sig använda dem. Han lyckades övertyga mig om att så är fallet.

Det har blivit ett antal kurser över tiden sen jag började fram tills nu. Dessutom många meditationer som hjälper mig kommunicera med min huvudguide/vägledare (även kallad rektorn). Ville ta med detta om medialiteten, för att visa vad det hela utvecklade sig till, för *min* del. Säger inte, att bara för att man lär sig healing får man automatiskt det mediala utvecklat, för det behöver inte stämma för alla.

När det gäller vilket sätt man jobbar på med healing, är min övertygelse att du kommer att uppleva ett kärleksfullt och läkande möte som hjälper kroppen till självhjälp. Enligt min mening kommer kraften från samma ursprungskälla.

Som jag ser på detta med healing, kan det se ut på många olika sätt, det behöver inte vara på ett stereotypiskt. Det viktiga är att man tar sig tid, känner efter vad som känns som en bekväm väg för en själv, och hittar sitt sätt. Finns liksom inget rätt eller fel.

För egen del anser jag till exempel att en stund i skogen är helande, eller sitta vid havet och lyssna på vågornas rullande in mot stranden, sitta på en sten vid en bäck och ta in porlandets rogivande ljud i kroppen, är healing för kroppen det med.

Alla upplever vi healingen på olika sätt och det betyder olika för oss alla. Den gemensamma nämnaren är att vi ska må bra, healing kan bara göra gott. Syftet är också att vi ska gå tillbaka till det underbara stadiet av välmående som vi hade när vi föddes, då inga blockeringar eller begränsningar fanns. Vi var opåverkade av omgivningens normer och värderingar.

Det viktiga är att släppa all kontroll och bara flyta med i det som sker omkring utan att delta. Tankar som kommer och går, blåser du bort som lätta fjun. Jag brukar se tankarna som lätta små moln, som jag bara puttar till så de får flyta vidare i tyngdlösheten.

Ett annat sätt är att ta in tanken, tacka för intresset men tala om att just nu är det inte läge att stanna kvar. I detta meditativa tillstånd är det bara healingen i sig som får ditt fokus. Känner efter i kroppen var det behövs påfyllning av energi och då låter jag den gå dit, utan att kontrollera.

Om till exempel ett ben känns tungt och orkeslöst, visualiserar jag ett energiflöde av vitt ljus som söker sig ner i benet, påbörjar påfyllningen i foten, jag ser framför mig hur det rinner uppåt i benet, ända upp till huvudet och det börjar rinna över från kronchakrat. Då vet jag att jag fått det jag behöver.

Vid det här laget har du säkert förstått att healing inte är någonting märkvärdigt eller konstigt. Det är bara att bestämma dig för hur det ska se ut för just dig, eller ännu hellre, inte bestämma dig för något, utan bara låta det sköta sig själv. Känn in vad kroppen säger, lyssna inåt, det finns svar därinne över vad du behöver göra. Ha tålamod, forcera inte, då kommer resultaten, tro mig.

Är du osäker på vad healing är, hur man gör och så vidare, ska du givetvis söka dig till någon healer. Känns det svårt att veta vilken typ av healing *du* ska välja?

Mitt råd är att kolla med dina vänner och bekanta, de kanske känner till någon utövare. Surfa runt på nätet, det finns en uppsjö av de som håller på med healing i någon form. Många har dessutom prova-på-behandlingar till reducerat pris. Förvänta dig inget specifikt, var öppen i sinnet då kommer du snart känna vad som passar dig.

Det har varit en spännande utveckling och intressant resa som jag tagit mig igenom. Att upptäcka all den visdom som finns inom mig, är något stort och omtumlande. Det har bidragit till att jag som person är tryggare och har en helt annan syn på livet I dag. Det handlar definitivt inte enbart om mognad med åren, det handla minst lika mycket om att vilja ha förändringar i mitt liv.

Att kunna se livet och situationer från olika perspektiv, att förstå att det finns fler sätt än ett att lösa eventuella konflikter på, eller att se lösningar på hur man kan ta sig förbi de hinder som dyker upp på ens väg. Själv är jag mer ödmjuk och känner mer respekt för andra och deras åsikter i dag. Lyssnar med nyfikenhet till konstruktiv kritik jag får, för att lära mig något och kunna gå vidare.

Boken ville jag skriva för att berätta om mina upplevelser av healing. Jag anser att böcker om våra upplevelser behövs. Böcker, där människor som du och jag får berätta om hur vi upplever detta med healing, hur det har påverkat oss i vardagen osv. Tiden var mogen för en sådan bok och uppdraget att skriva den föll bland andra på mig.

De ljuvliga mötena med de helande energierna och alla underbara person-ligheter jag fick möta under arbetet med boken, var givande på många sätt.

Det blev många och givande samtal som stärkte mig i min övertygelse om att boken behövdes. Att fler saknade denna typ av bok, blev väldigt tydligt för mig under samtalen. Nu var det inte alla jag träffade som ville vara med i boken men de berättade gärna sina upplevelser för mig. En del fick vara med ändå. Kände att deras kommentarer var nödvändiga och att de därför skulle vara med om än i kortform.

Hela idén till boken väcktes av min kursledare i Reiki och KarunaReiki®, Maria. Hon ville skriva en bok om Reiki, berättade hon. Jag frågade henne om hon tänkte lägga in upplevelser från oss som fått Reiki. Eftersom hennes bok skulle bygga på fakta, sa hon bara: varför skriver inte du *den* boken själv?

Jag lekte med tanken ett tag. Det blev en fajt med mitt ego, som givetvis påpekade att jag inte skulle inbilla mig att jag kunde skriva en bok. Jag som blev hånad i skolan för mitt sätt att uttrycka mig på.

Ur denna kamp fick jag inspiration och ville kämpa för att visa både egot och världen att jag kan. Resultatet har du nu i din hand.

Min ursprungstanke var att skriva om mina egna erfarenheter av Reiki. Tog inte många dagar innan jag kände att jag skulle be andra berätta om sina upplevelser också. Boken skulle inte enbart handla om Reiki, utan healing som begrepp, med olika inriktningar.

Observera, jag vill på intet sätt påstå att denna bok är heltäckande, det här är bara ett startskott. Övertygad om att det kommer fler böcker framöver, med andra personliga vinklingar av ämnet.

Själva skrivandet i sig har flutit på relativt enkelt, det finns hur mycket material som helst att hämta där ute. Vad jag inte tog med i beräkningen var detta med tiden. Det har tagit betydligt längre tid än jag kunnat drömma om.

Ett stort fel jag gjorde i början, var att jag skrev med föresatsen att det skulle vara renskrivet och klart för läsning direkt utan att behöva ändra något. Antingen var jag oerhört kaxig eller väldigt naiv. Det lutar åt det senare.

Att skriva krävde mycket fokus av mig, mycket mer än vad jag var van att använda mig av. Det räckte liksom inte att skriva utan engagemang och tro att det löser sig, bara tiden får gå. Det fanns stunder då jag valde bort skrivandet.

Ansvaret, mot alla som bidrog med sina upplevelser, mot er läsare och sist men inte minst mot mig själv, drev mig framåt till att göra klart arbetet. Fick många påtryckningar från olika håll om detta, utan att förstå hur mycket denna typ av bok var efterlängtad.

Inspirationen kom och gick i vågor. Det hände att jag inte förstod varför jag nästan somnade vid datorn. Tittade på klockan och konstaterade att den var långt över midnatt, hade suttit kanske 5–6 timmar utan avbrott. I dessa stunder tyckte jag att tiden bara rann i väg och jag hade alldeles för lite av den.

Fick ett erbjudande om att korrekturläsa en annan författares bok. Givetvis tackade jag ja till denna möjlighet. Det var en utmaning och även matnyttigt för mitt eget skrivande.

Fick gå in på djupet hur en bok är uppbyggd och hur den författaren använt språket, bland annat.

Under en sittning hos ett medium fick jag veta att jag kommer att skriva fler böcker där andevärlden ska hjälpa till, men först skulle denna bli klar. Detta var ett led i att träna mitt tålamod och att slutföra ett påbörjat projekt.

Efter ett par års utdragen kamp, blev jag ställd inför ett val. Antingen skriver jag klart boken så jag kan gå vidare med min utveckling, eller så tonas min medialitet ner med följden att jag får börja om på nytt med den utvecklingen. Detta var sparken i baken jag behövde för att göra klart.

HUR JAG JOBBAR I DAG

Medial vägledning på mitt sätt
Jag använder mig av min intuition för att ta reda på hur jag ska lägga upp jobbet med just dig och för ditt bästa. Syftet är ju att du ska få allt du behöver just i detta nu. Detta kan innebära att, förutom att länka till min huvudguide som i sin tur kommunicerar med din guide, kan jag ibland ta så kallade "änglakort" till hjälp för att åskådliggöra vad andevärlden menar.

Du kanske har en specifik fråga du vill ha svar på när du kommer. OM detta är för ditt bästa just nu, kommer du få väg-ledning i den frågan. Ha tilliten till att dina behov blir tillgodosedda i första hand, ej alltid samma sak som önskningar. Var öppen för det som kommer.

Du kanske inte är redo för svaret på din fråga, utan måste ta tag i något annat först för att sen kunna ta emot svaret på din fråga. Allt har sin tid och din egen tillit till processen är A och O. Det kan vara så att allt inte kan förstås just när du får informationen, det måste sjunka in och bearbetas av det undermedvetna tills du är redo.

Avfärda inget, var lyhörd. När det gäller anhöriga släpper huvudguiden igenom dem, om det de vill förmedla är viktigt för dig just nu, annars får de stå åt sidan tills det är dags.

Detta är min skolning och sätt att jobba på och i min värld finns inget som är mer rätt eller fel, vi som jobbar medialt är alla olika både till sättet att jobba på och hur vi lärt oss. För mig känns detta självklart, likväl som vi alla människor är olika till sättet.

Healing på mitt sätt
Healing kan man säga är en energibalansering i kroppen och känns väldigt avslappnade och behagligt. Den kan aldrig skada dig, den bara hjälper din

kropp att självläka sig från obalanser av olika slag.

Vad metoden än heter är intentionen den samma och allt kommer från samma källa enligt min mening oavsett om det heter Reiki, Violetta flamman eller Reconnective healing, för att nämna några namn.

Mitt sätt att jobba med healing är en blandning av olika tekniker. Genom att ta till mig godbitar av de olika sätten har jag hittat mitt sätt. Jag kallar mitt sätt intuitiv healing.

I grunden är jag Reiki Master, har även tagit steg 1 och 2 inom Karuna ® Reiki och certifierad Andlig healer.

Har ditt intresse väckts?
Hoppas du blivit nyfiken och att detta med healing kan vara något du vill utforska vidare. Om inte, gör jag ett försök till att berätta mer om hur healing kan hjälpa dig komma i balans, stressa mindre och återfå dina krafter.

En healingbehandling kan liknas vid en stunds meditation, där du hamnar i ett tillstånd av total avslappning. Allt som sker runt omkring dig får mindre betydelse när du ligger där och tar emot behandlingen. Det ultimata är att släppa alla tankar under tiden. Det handlar om att vårt inbyggda kontrollbehov måste släppas, vilket man kan träna sig på.

När du ligger där på britsen och blundar, behöver du inte bry dig om något annat än att andas. Det kan vara ett hjälpmedel att ta till när tankarna tar över och stör, att känna i kroppen hur andningen sakta och rytmiskt pumpar in syre i alla celler. Jag brukar råda mina klienter att andas in genom näsan och ut genom munnen, allt i samma tempo. Räkna sakta till 10 på in respektive utandningen.

Att känna behandlarens händer mot kroppen, får många att slappna av. Det är som att händerna säger till kroppen att det finns inget att oroa sig för, bara ta det lugnt och koppla av.

Givetvis kan healern ge behandlingen utan beröring, om du upplever det obehagligt. Det kan variera från gång till gång, be-roende på hur tillståndet hos klienten är i nuet.

Under detta tillstånd kommer kroppen att påbörja sitt arbete med att hela sig själv, vilket är healingens syfte.

När man känner sig omhändertagen på detta vis, infinner sig ett tillstånd av välbefinnande som slår igenom i det vardagliga livet också. Inte ovanligt att en känsla av att allt är möjligt dyker upp i ens medvetande och man vågar ta för sig på ett avslappnat sätt.

Observera att jag inte påstår att ALLA uppnår denna totala avslappning och välbefinnande. Det kan finnas många orsaker till att man inte känner något alls. Finns inget rätt eller fel i detta. En sak kan du vara helt övertygad om och det är att du får healing, vare sig du känner eller inte. Dessa energier kan bara göra gott och de kommer i den mängd du behöver i stunden.

Ha tilliten till att det är för DITT bästa och det kommer bli förändringar i dina energier, förändringar till det bättre. Dina tankemönster kan bli "renare", du kan börja se möjligheter i större utsträckning i stället för hinder osv.

Allt för att du ska må bättre och din själ
växa sig starkare. Din kropp kommer att
tacka dig om du unnar dig att ta be-
handlingar, den kommer definitivt att bli
stresståligare på sikt. Låt dig själv få
chansen till en mer harmonisk tillvaro,
genom healingen.

HJÄRTLIGT TACK

Ett stort tack vill jag rikta till er alla som på
något sätt bidragit till att denna bok har
kommit till stånd. Ni har alla varit nöd-
vändiga ingredienser för min process att
färdigställa den. Trots att det tog tid, har ni
aldrig tvivlat på att jag skulle fullfölja detta
projekt att skriva boken.

Känner mig oerhört privilegierad som fått
denna möjlighet att ge ut en bok i ämnet
healing och enorm stolthet över att jag tog
vara på tillfället och slutförde detta.

Det finns några som jag vill tacka speciellt.
Riktar ett stort varmt och kärleksfullt tack till
min livscoach Fredrik som väckte intresset
för detta med healing. Du såg vad jag
behövde i stunden och hjälpte mig att
komma in på rätt bana.

Min Reikilärare Maria ska också ha ett stort kärleksfullt och varmt tack för att du sa till mig att skriva denna bok. Tack vare att du trodde på mig, antog jag utmaningen.

I övrigt är jag oerhört berörd och tacksam över de medverkandes villighet att ställa upp med sina berättelser. Det är stort, att få dela era erfarenheter som vän och kompis, men ännu större att ni ville ställa upp för att min bok skulle bli av. Tack vare er blev det en intressant bok för de som vill veta mer om hur det är att få healing och hur det kan påverka oss i övrigt som människor.

Sist men inte minst vill jag även tacka de personer som "provläst" boken och kommit med värdefulla synpunkter. Detta är oerhört uppskattat från min sida.

Med största ödmjukhet och respekt, tackar jag alla inblandade.

Ni är ovärderliga för mig.

SLUTORD

När jag sitter här och ska sammanfatta boken över min egen och andras upplevelser, inser jag att för varje person jag mött, har insikten om att boken ska bli färdig och komma ut på marknaden, förstärkts.

Mötet med var och en av de härliga medmänniskor som öppet och ärligt berättat om sina upplevelser, har varit inspirerande, utvecklande och enormt givande.

Boken blev med tiden nästan som en sambo och mycket påtagligt levande. Förstår i dag, när jag läser eller hör om författare som pratar om skapelsen som om det vore ens eget barn, att det verkligen är så det känns.

Den finns där 24 timmar om dygnet, det finns ingen pausknapp. Boken krävde uppmärksamhet och näring. Man lever med och i sitt projekt, sin skapelse.

Det kommer tankar, ord, formuleringar med mera, hela tiden. Visuellt låg den bredvid mig på kudden under natten. Att skapa är verkligen en känsla av att stå naken till allmän beskådan.

Boken bekräftar också att allt är möjligt. Hade någon sagt till mig för några år innan, att jag skulle skriva en bok, hade jag bara skrattat. Det var otänkbart då, jag som blev hånad i skolan för mitt sätt att skriva.

Våga leva ut dina drömmar, det gjorde jag. Varför avstå din egen utveckling! Det är mitt råd till er som läser boken.

Låt mig avsluta med att delge er några rader som kom till mig, från min vägledare Jacques, de bara flög ur pennan ner på papperet under en lunch.

Att få insikten om att allt handlar om olika energier och även känna på dem, ger en härlig eftersmak av visdom som inte finns att hämta i vanliga skolböcker.

Denna visdom kan bara komma till dig, om du tillåter dig själv att ta emot den och att tillåta dig växa i ditt medvetande.

Kämpar du emot tar det onödigt lång tid att nå målet.

Tillåt dig att bara vara med i flödet, att känna att du är värdig insikterna och visdomen. Då kan du ta dig själv till oanade höjder.

Vågar DU avstå?

Färgernas betydelse

OBS detta är en bastolkning av färgerna. De kan stå för något annat hos dig eller din klient. Var lyhörd när du tolkar, fråga inåt innan du ger informationen till klienten.

Brun

Färgen komposterar och omvandlar till liv. Ju mer vi ger ifrån oss, ju mer positiv energi kan vi ta emot. Brunt skapar ombonad och trygghet och förknippas med en varm trygghet och närhet till jorden. Den kan ge en trygghet som finns i en flock eller familj. Tillhör jordens chakra.

Röd

Färgenstår för kroppslig kärlek, lidelse, sexualitet, grundförtroende, säkerhet. Står även för passion, energi, hetta, styrka. Grund, jordning, stabilitet. Eld, att sätta i gång något. Även moderlighet. Färgen önskas ofta av blivande mödrar. För mycket av denna färg kan leda till aggressivitet och panik, vrede och krig.

Den Röda färgen i kläder kan få blyga personer att "komma ur sitt skal". Färgen fungerar också som en tonikum för den som har lätt att känna sig frusen. Tillhör rotchakrat.

Orange

Färgen förknippas med eldens värme, socialt umgänge, materiell trygghet och god mat. Färgen står därför för matsmältning och bearbetning av känslor, kreativitet, förhållanden, lycka och glädje. Den kan hjälpa dig att bearbeta ångest, samlade problem, nervositet, laddade problem, chock och sexualitet. Orange står även för anpassningsförmåga. Ger dig förnyad styrka när du behöver klara motgångar. Tillhör Mag-/sakralchakrat.

Gul

Gult står för chefsförmågor, förmåga att genomföra saker, kraft- och egoenergi, styrka, vilja, "jävlar anamma". Gult är solens färg. Tillhör Solarplexus chakrat.

Grön

Färgen grön stimulerar för drömmar, den står för känslosaker, hjärtats angelägenheter, böjelser och kärlek. Frid och lugn samt behov av känslor. Den står även för närhet, vilja, trygghet och förtroende. Färgen hjälper till att skapa balans i kropp och själ, stimulerar ömhet och generositet samt är tröstande. Exempelvis kan ett grönt täcke vara bra för oroliga hästar. Felaktigt använd kan grönt skapa en tendens till stagnation och obeslutsamhet. Tillhör hjärtchakrat.

Rosa
Rosa står för kärlek mellan mor och barn, kravlös utan förväntning. Den står för ära och moral och läker sårade känslor. Tillhör hjärtchakrat

Blå
Den blå färgen står för talcentrum, kommunikationsförmåga, inspiration. Att tala, förklara, diskutera och berätta. En mörk nyans står för diskussioner, impulsivitet och motverkar depressioner. En ljus nyans står för drömmar och andligt, är svalkande, säker pulsen, avslappnande och inger stillhet och hängivenhet. Den ljusa nyansen står även för lugn, harmoni och tålamod samt dämpar ilska. Blått är himlens och vattnets färg. Den sätts ofta som hoppets färg. För mycket av blått kan

ge en sorgsen känsla och längtan. Tillhör halschakrat.

Indigo

Denna färg är ett säte för intuition, telepatisk förmåga, andlig kraft och "tredje öga". Färgen står för kollektivt medvetande, vetande och kunnande. I gamla tiders färglära var detta geniernas och dårarnas färg. För mycket av denna färg kan ha en oroande inverkan. Tillhör pannchakrat.

Lila

Lila är sätet för vår andlighet, beskydd, medial kommunikation. Färgen ger ett inre lugn och healing. Lila driver bort missunnsamhet och svartsjuka. Det är en bra färg att använda för den som har problem med hjärtklappning, hjälper trassliga nerver, lugnar inre inflammationer. Den lila färgen öppnar också upp den andliga förmågan. Tillhör kronchakrat

Svart

Svart är neutral men samtidigt alla färgerna på en gång. Färgen associeras till universums krafter.

Vit
Vitt står för andligt och rent, ärlighet och sanningar. Det är livets, dödens och ljusuters färg. Den helar, befriar och renar. Färgen står även för identitet vid medialt arbete Här ingår även färgerna silver och guld. Tillhör identifikationschakrat.

Beige
Beige ger lugn och ro. Färgen är neutral och nollställande, utgångsläge. Allt eller inget men med en positiv betydelse.

Grå
Den grå färgen neutraliserar sin omgivning och andra färger. Den kan var destruktivt. Ljusa nyanser på mot silver visar på uppvaknande förmågor till upplysning. Intuition och kreativa föreställningar. Mörkgrå nyanser kan visa på psykisk obalans eller behov att aldrig lämna en uppgift ogjord. Mycket grått kan indikera egenskaper så som hemlighetsfull och något av en ensamvarg. Enligt gammal tradition förknippades grått med visdom.